마이 브런치

나의 첫 브런치 레시피

마이 브런치

마이쏭 이송희 지음

버튼북스

PROLOGUE

엄마의 음식은 누구에게나 그렇듯 나에게도 소울 푸드다. 어릴 때 먹었던 엄마의 음식을 잊을 수 없다. 어린 시절부터 엄마와 함께 맛있는 음식을 만들어 먹는 시간이 나는 좋았다. 요리는 내게 언제나 익숙한 일상이다. 그래서 자연스럽게 쉐프라는 직업을 갖게 된 듯하다.

나는 아침 일찍 일어나는 편이다. 이른 시간부터 무엇을 만들어 먹을지 늘 고민한다. 쉽게 만들 수 있고, 맛있고 건강해서 하루를 활기차게 시작할 수 있는 음식에 대해 생각하다 보니 나만의 레시피가 하나둘 완성되었다. 그 레시피들이 모여 다양한 브런치로 사랑받는 마이쏭을 시작할 수 있었다.

마이쏭이 문을 열고 적지 않은 시간이 흘렀다. 궂은 날씨에도 사람들로 꽉 차 있는 테이블, 에그 베네딕트가 뉴욕의 사라베스처럼 맛있다는 말 한마디, 언제나 그 자리에서 아침마다 반겨주어서 고맙다는 인사는 언제나 내게 큰 힘이 된다.
그 사랑에 힘입어 더욱 열심히, 맛있는 음식을 만들어야겠다고 다짐한다.

브런치 하면 왠지 고급스럽고 화려한 뉴욕의 레스토랑이 떠올라 만들기 어려울 거라고 생각할 수 있지만 전혀 그렇지 않다. 나는 그 사실을 알려주고 싶었다. 우리가 자주 먹는 달걀은 브런치에 다양하게 활용된다. 또 누구에게나 친숙하기 때문에 쉽게 요리할 수 있다.

외국의 전문 요리책들도 첫 장에서 항상 달걀에 대해 설명한다. 그만큼 달걀은 가장 기본적인 재료이므로 달걀 다루는 법은 정확하게 배워야 한다. 한번 제대로 익혀두면 요리하는 방법, 곁들이는 재료에 따라 다양한 브런치 메뉴를 완성할 수 있다.

사랑하는 사람을 위해서 맛있는 음식을 만드는 것만큼 행복한 일이 있을까? 이제는 누구나 편하게 집에서 브런치를 즐겼으면 좋겠다. 분위기 있는 레스토랑도 좋지만, 소중한 사람들과 우리만의 공간에서 맛보는 브런치도 소소한 즐거움을 준다. 내가 직접 만들었기 때문에 더 맛있고 특별하게 느껴지기도 한다. 그 의미 있는 시간에 〈마이 브런치〉가 함께하기를 바란다.

따뜻한 봄을 앞두고
이송희

CONTENTS

프롤로그 ...004

브런치 만들 때 필요한 기본 도구 ...010

브런치 만들 때 필요한 기본 재료 ...012

에그 베이직

달걀 ...016

삶은 달걀 ...020

달걀프라이 ...024

구운 달걀 ...026

수란 ...028

부드러운 수란 ...030

수란프라이 ...032

스크램블드에그 ...034

오믈렛 ...036

프리타타 ...038

에그

서니사이드 업과 구운 파프리카 ...042

오버 이지와 모차렐라 치즈 ...046

서니사이드 업과 미트볼 ...048

수란과 토마토소스 ...052

삶은 달걀과 엑스트라 버진 ...054

삶은 달걀과 아스파라거스 ...056

삶은 달걀과 곡물빵 ...058

오버 이지와 토르티야 ...060

스크램블드에그와 흰살 생선 ...062

스크램블드에그와 주키니 ...064

수란과 허브를 곁들인 버섯 ...066

구운 달걀과 크림을 곁들인 시금치 ...068

구운 달걀과 크림을 곁들인 베이컨 ...070

서니사이드 업과 크랜베리를 곁들인 감자 ...072

클래식 베네딕트 ...074

아스파라거스 베이컨 베네딕트 ...078

시금치 베네딕트 ...080

연어 달걀 베네딕트 ...082

소시지 치즈 오믈렛 ...084

세 가지 치즈 오믈렛 ...086

토마토소스 가지 오믈렛 ...088

샐러드

감자 샐러드 ...092

코울슬로 ...094

에그 샐러드 ...096

닭가슴살 샐러드 ...098

시금치 샐러드 ...100

콥 샐러드 ...102

토마토 샐러드 ...104

서머 샐러드 ...106

사과 샐러드 ...108

페타 치즈를 곁들인 지중해식 샐러드 ...110

오렌지 버터구이 새우 샐러드 ...112

파마산 치즈를 곁들인 뜨거운 야채샐러드 ...114

초리조가 들어간 토마토 샐러드 ...116

프라이드치킨 샐러드 ...118

달걀을 곁들인 카프레제 ...120

홀그레인머스타드, 허니머스타드, 랜치 드레싱 ...122

수프

넛맥이 들어간 당근 수프 ... 126

마늘 감자 수프 ... 128

토마토 수란 수프 ... 130

치즈 감자 수프 ... 132

쇠고기 토마토 수프 ... 134

치즈 조개 수프 ... 136

퀵브레드

옥수수빵 ... 140

팝오버 ... 142

비스킷 ... 144

플레인 스콘 ... 146

햄&치즈 스콘 ... 148

버터 머핀 ... 150

블루베리 머핀 ... 152

샌드위치

베이컨 파니니 ... 156

오리지널 그릴드 치즈 샌드위치 ... 158

파 그릴드 치즈 샌드위치 ... 160

오이 달걀 샌드위치 ... 162

누텔라 바나나 브리오슈 ... 164

구운 가지와 리코타 치즈가 들어간
선드라이드 토마토페스토 파니니 ... 166

달걀 베이컨 샌드위치 ... 168

닭가슴살 크랜베리 샌드위치 ... 170

치킨 랩 샌드위치 ... 172

프렌치토스트 ... 174

크로크무슈 · 크로크마담 ... 176

아보카도 오픈 샌드위치 ... 178

훈제연어 오픈 샌드위치 ... 180

핫도그 ... 182

브런치 플레이트

해시브라운 수란 플레이트 ...186

클래식 팬케이크 ...190

팬케이크 케이크 ...192

영국식 블랙퍼스트 ...194

칠리 볼 플레이트 ...196

로즈메리와 마늘을 곁들인 오븐구이 감자 ...198

쇠고기가 들어간 포테이토 파이 ...200

볶은 버섯 브런치 플레이트 ...202

음료

바나나 주스 ...206

사과 당근 주스 ...207

오렌지에이드 ...208

민트 레모네이드 ...209

바질 오렌지에이드 ...210

블루베리 셰이크 ...211

스트로베리 셰이크 ...212

미모사 ...213

모히토 ...214

블러디 메리 ...215

브런치 만들 때 필요한 기본 도구

 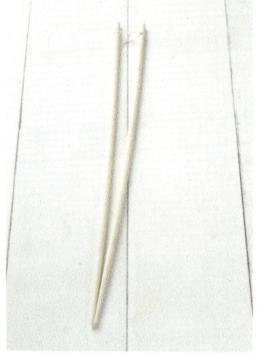  

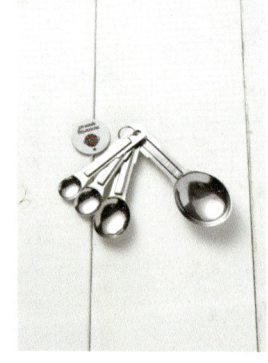  

1 2 3 4

5 6 7 8
9 10 11

1 프라이팬	프라이팬을 사용할 때는 요리에 맞는 크기와 코팅된 정도를 고려해야 한다. 쉐프들은 요리하기 전에 음식의 양을 보고 팬이나 팟의 크기를 정해서 요리를 시작한다. 그래야 최상의 맛을 낼 수 있다. 팬은 사이즈와 종류별로 갖추두는 것이 좋다. 나의 경우는 세 가지 사이즈의 팬과 코팅팬, 코팅되지 않은 팬을 구비해놓고 사용한다.
2 더치팬	주물로 만들어져 무겁고 비싸다는 작은 단점이 있지만 요리를 하다보면 점점 더 사랑에 빠지게 된다. 열전도율이 높고 두꺼워 예열할 때 시간이 조금 걸리지만 한번 달궈진 팬은 요리하는 재미를 선사한다. 스테이크, 달걀을 구워 먹을 수도 있고 베이킹하기에도 좋아 활용도도 높다. 2~3년 단위로 바꿔줘야 하는 프라이팬과 달리 두고두고 사용할 수 있다.
3 도마	도마는 보통 세 가지 정도로 나누어 사용한다. 육류용, 생선용, 그 외의 재료를 나누어 사용하는 것이 위생적이기 때문이다. 사용한 후 잘 소독하고 햇볕 좋은 날 바짝 말려서 관리한다.
4 칼	칼은 날이 잘 드는 것이 중요하지만 나에게 더 중요한 점은 칼을 잡았을 때의 그립감이다. 사람마다 조금씩 손의 형태가 다르므로 각자에게 맞는 그립감이 있다. 잡았을 때 불편함 없는 칼을 사용하면 손의 피로도가 낮아지고 효율은 올라간다. 날은 식재료를 손상시키지 않을 만큼 잘 드는 것이 중요하다.
5 거품기	달걀을 풀거나 재료를 섞을 때 사용한다. 이 책에는 특히 달걀 요리가 많이 나오기 때문에 꼭 필요하다. 퀵브레드 반죽을 섞을 때나 다양한 종류의 소스를 만들 때도 사용한다.
6 나무젓가락	스크램블드에그나 오믈렛 같은 달걀요리에 꼭 필요하다. 여러가지 도구를 사용해봤지만 스크램블드에그와 오믈렛을 가장 부드럽게 만들어주는 최상의 도구다. 길이가 길수록 편리하며, 일회용 나무젓가락도 쓸 만하다.
7 나무주걱	수프를 끓일 때 필요하다. 일반 스푼은 크고 깊은 수프 끓이는 냄비와 사용하면 손을 델 수 있기 때문에 긴 나무주걱을 사용하는 것이 좋다. 또 나무주걱을 활용하면 냄비나 팬의 코팅이 쉽게 벗겨지지 않기 때문에 볶음요리에 사용하기에도 적합하다.
8 뒤집개	달걀프라이나 팬케이크를 예쁘게 뒤집을 때 사용한다. 팬과 재료 사이에 넣고 손목의 스냅만으로 쉽게 뒤집을 수 있어 누구나 전문가답게 요리할 수 있도록 도와준다.
9 계량스푼	음식을 만들 때 급하게 간하거나 재료의 양을 맞추기에 가장 유용하다. 계량스푼을 사용하면 양념이 어느 정도 사용되는지 쉽게 파악할 수 있기 때문에 음식을 실패하지 않고 만들 수 있게 도와주는 고마운 도구다. 다양한 크기로 준비해두는 것이 좋다.
10 감자칼	감자칼을 사용하면 살이 벗겨지는 일 없이, 누구나 빠른 시간 안에 적은 힘으로 감자 껍질을 벗길 수 있다. 감자뿐 아니라 가지나 오이 등 다양한 야채의 껍질을 벗겨낼 때도 유용하다.
11 밀대	베이킹할 때나 면을 만들 때 아주 유용하다. 자주 사용하지는 않지만 사용 여부에 따라 결과물의 완성도나 조리 시간에 큰 차이를 가져온다. 베이킹을 자주 하지 않는다면 특별히 좋은 밀대는 필요 없지만 저렴하면서도 편리하게 쓸 수 있는 밀대는 하나쯤 준비해두면 유용하다.

브런치 만들 때 필요한 기본 재료

1 2 3
4   5
6 7 8

1 달걀	가장 쉽게 접할 수 있으면서도 다루기 힘든 식재료 중 하나로, 흔히 완전식품으로 불린다. 한 알만으로도 충분한 단백질을 공급해주며 다양한 요리로 재탄생시킬 수 있는 매력을 가졌다.
2 소금	모든 음식에 사용되기 때문에 가장 중요하다. 어떤 소금을 사용하느냐에 따라 음식 맛이 달라진다. 좋은 소금으로 요리하면 맛이 더 깔끔하고 깨끗해서 식재료 고유의 담백한 맛을 살릴 수 있다. 8년간 간수를 빼어 소금 특유의 단맛을 살리고 불순한 맛이 없는 소금을 추천한다.
3 우유/생크림	우유는 칼슘 성분이 많고 인체 흡수력이 뛰어나 그 자체로 섭취해도 훌륭한 식품이다. 특히 달걀과 만났을 때 부드러운 맛과 특유의 고소함이 배가된다. 생크림은 우유로부터 지방을 분리해낸 것이다. 그래서 우유보다 더 농도가 짙고 고소한 맛이 많이 난다. 수프를 끓이다가 마무리 단계에 넣으면 우유와는 다른 풍미를 더해준다.
4 퓨어 올리브오일	올리브오일을 사용할 때 엑스트라 버진과 퓨어 올리브오일을 혼동하는 경우가 많다. 퓨어 올리브오일은 쉽게 가정에서 사용하는 식용유라고 생각하면 된다. 굽고 튀기고 볶는 대부분의 요리에 사용한다. 이 책에서는 '올리브오일'로 표기한다.
5 엑스트라 버진	엑스트라 버진은 퓨어 올리브오일보다 발연점이 낮아 샐러드나 드레싱에 사용한다. 올리브의 종과 향에 따라 다양한 종류와 가격대의 상품이 있다. 비싸다고 좋은 게 아니라 자신의 입맛에 맞는 향과 산도를 가진 엑스트라 버진을 사용하는 것이 중요하다.
6 버터	버터는 발연점이 낮아 자칫 잘못하면 버터 자체가 탈 수 있으니 주의해야 한다. 그러나 온도 조절을 잘한다면 이만큼 고소한 맛과 향을 내며 식욕을 자극하는 식재료도 없다.
7 후추	소금과 더불어 가장 기본적인 재료다. 종류에 따라 향이나 맵기가 다르다. 가루를 사용하기보다는 알맹이째로 보관하다가 음식에 넣기 직전에 페퍼밀에 갈아서 넣으면 맛과 향이 깊고 풍부해진다.
8 설탕	과하면 건강에 해로울 수 있으나 적정량을 사용하면 입안을 행복하게 만들어준다. 과유불급이라는 사자성어가 떠오를 만큼 양 조절을 잘한다면 가장 스위트한 식재료가 될 수 있다.

브런치를 만들기 전에

※ 어떤 메뉴를 만드느냐에 따라 필요한 도구와 재료는 달라집니다. 자세한 재료와 도구는 각 메뉴의 레시피를 참고해주세요.

※ 이 책의 메뉴는 대부분 1인분, 한 접시 기준입니다. 샐러드나 수프, 칵테일 등 한꺼번에 많은 양을 만들 경우에는 표기된 인분을 확인하고 재료의 비율을 맞춰 요리해보세요.

EGG BASIC
에그 베이직

달걀은 쉽게 접하는 재료이고 달걀요리는 누구나 시도할 수 있지만 레시피의 디테일을 살리는 작업은 의외로 어렵다. 달걀프라이를 만들기는 무척이나 쉽지만 예쁜 모양의 서니사이드 업을 만들 때는 세심함을 요구한다. 삶을 때에도 조금만 시간을 지체하면 완숙이 되어버리곤 하기 때문에 달걀은 조심스럽게 다루어야 한다. 에그 베이직에서는 달걀에 대해 설명하고, 가장 기본적인 달걀요리 방법을 알려준다. 이 부분을 능숙하게 익힌다면 멋진 브런치를 한결 쉽게 완성할 수 있을 것이다.

EGGS
달걀

달걀은 대표적인 단백질 식품이다. 단백질이 풍부하고 나트륨이 적으며 비타민과 무기질 등 우리 몸에 필요한 필수 아미노산을 골고루 갖추고 있어, 남녀노소 모두에게 좋은 완전식품이다. 특히 독을 흡수하는 성질이 있어 술을 마신 다음날 먹으면 숙취 해소에 도움을 준다.

달걀은 다이어트에 관심이 많은 여성들에게도 좋다. 삶은 달걀 1개의 열량은 80kcal인데 반해 위에 머무는 시간이 3시간 이상이다. 적은 양을 섭취해도 포만감을 주어 과식을 예방한다.

백화점이나 슈퍼에 가면 다양한 종류의 달걀을 만날 수 있다. 좋은 모이를 먹은 닭이 낳은 달걀이 더 좋은 것은 당연하겠지만, 값 차이가 크다면 굳이 비싼 것을 살 필요는 없다. 가격보다는 신선도를 따져보고 달걀을 고르는 것이 더 중요하다.

껍데기가 까칠하고, 빛을 비췄을 때 반투명하고 맑은 달걀일수록 신선하다. 또 흔들어도 소리가 나지 않고, 크기에 비해 무겁고, 깼을 때 노른자가 둥글게 부풀어오르는 것이 좋다.

SEPARATING EGGS
흰자와 노른자 분리하기

1 그릇을 준비하고 달걀에 살짝 힘을 주어 갈라지게 한다.
2 갈라진 달걀을 양쪽으로 벌리며 재빨리 한쪽 껍질로 노른자를 건진다.
3 노른자를 반대쪽으로 옮기며 흰자를 그릇으로 떨어트린다.
4 3을 서너 번 반복하며 흰자와 노른자를 완전히 분리한다.

BOILED EGGS
삶은 달걀

물 600g
달걀 4개
베이킹소다 1t

1 냄비에 물과 베이킹소다를 넣고 팔팔 끓어오를 때까지 기다린다.
2 중불로 낮춘 후 달걀을 넣어준다.
3 달걀을 넣고 원하는 달걀의 상태에 맞게 삶은 후 찬물에 담근다.

사진은 각각 7, 8, 9, 10분간 삶은 달걀의 상태를 보여준다.

달걀 껍질 쉽게 까기

1　삶은 달걀을 도마 위에 한 바퀴 굴린다.
2　껍질이 깨진 부분을 정리하고 윗부분의 껍질을 벗겨준다.
3　반대 방향의 껍질도 벗겨준다.
4　붙어 있는 껍질을 깨끗이 정리한다.

FRIED EGGS
달걀프라이

달걀 4개
올리브오일 1T

1 작은 볼에 달걀을 깨어둔다.
2 프라이팬에 올리브오일을 두르고 약불로 예열한다.
3 1을 올려 달걀의 상태를 확인하며 구워준다.
4 알맞게 익으면 접시에 담아낸다.

노른자가 익은 정도에 따라 서니사이드 업,
오버 이지, 오버 미디엄, 오버 하드가 된다.
시간은 각각 1, 2, 3, 4분 정도 익힌 상태지만
화력에 따라 익은 정도가 조금씩 달라질 수 있다.
올리브오일 대신 버터 1T를 사용해도 된다.

BAKED EGGS
구운 달걀

달걀 3개
생크림 1T
버터 1t
소금, 후추 핀치

1 작은 볼에 달걀을 깨어두고 오븐은 180℃로 예열한다.
2 베이킹 팬에 버터를 골고루 발라준다.
3 2에 달걀을 넣고 소금, 후추를 뿌린 뒤 생크림을 넣어준다.
4 오븐에서 10~15분 정도 구워준다.

핀치는 엄지와 검지로 한 번 집은 정도의 양이다.

POACHED EGGS
수란

물 600g
달걀 3개
식초 2T

1 작은 볼에 달걀을 깨어둔다.
2 냄비에 물과 식초를 넣고 끓여준다.
3 물이 팔팔 끓어오르면 약불로 줄인 후 깨어둔 달걀을 하나씩 넣어준다.
4 3분 후에 달걀을 꺼내어 차가운 물에 담가 깨끗하게 정리한다.

SLOWLY POACHED EGGS
부드러운 수란

물 600g
달걀 3개

1 속이 깊은 냄비 바닥에 은박지로 도넛 모양을 만들어 넣어 달걀이 바닥에 닿지 않도록 한다.
2 1에 물과 달걀을 넣고 약불로 끓여준다.
3 물의 온도를 60℃ 정도로 미지근하게 유지하면서 40~45분간 익혀준다.

부드럽게 익힌 수란은 바로 쓰거나 냉장고에서 하루 정도 보관할 수 있다. 냉장보관한 달걀을 먹을 때는 뜨거운 물에 1분간 데워준다.

POACHED EGGS FRIED
수란프라이

수란
올리브오일
혹은 버터 1T
소금, 후추 핀치

1. 프라이팬에 올리브오일을 두르거나 버터를 녹여준다.
2. 30쪽의 수란 껍질을 벗긴 후 1에 올려 앞뒤로 45초씩 익혀준다.
3. 소금과 후추를 뿌려준다.

SCRAMBLED EGGS
스크램블드에그

달걀 3개
우유 1T
올리브오일 1T
소금, 후추 핀치

1 볼에 달걀과 우유, 소금, 후추를 넣고 거품기로 섞어준다.

2 프라이팬에 올리브오일을 두르고 센불에서 1을 올려준다.

3 달걀이 가장자리부터 익기 시작하면 젓가락으로 부드럽게 섞다가 재빨리 접시로 옮겨 담아낸다.

달걀이 미디엄웰던 정도로 익었을 때 가장 부드러운 스크램블드에그를 먹을 수 있다.

OMELET
오믈렛

달걀 3개
우유 1T
올리브오일 1T
소금, 후추 핀치

1 볼에 달걀과 우유, 소금, 후추를 넣고 거품기로 섞어준다.
2 프라이팬에 올리브오일을 두르고 센불에서 1을 올려준다.
3 달걀이 가장자리부터 익기 시작하면 젓가락으로 부드럽게 섞으며 팬의 한쪽으로 모아준다.
4 달걀을 반으로 접어 모양을 만들어준다.
5 접시로 조심히 옮겨 담아낸다.

4에서 스페츌러를 이용하면 달걀 모양을 만들기가 쉽다.

FRITTATA
프리타타

달걀 3개
우유 1T
파마산 치즈가루 30g
올리브오일 1T
소금, 후추 핀치

1 볼에 달걀과 우유, 소금, 후추를 넣고 거품기로 섞어준다.

2 프라이팬에 올리브오일을 두르고 센불에서 1을 올려준다.

3 가장자리부터 익기 시작하는 달걀을 부드럽게 섞어서 미디엄 상태로 익었을 때 가장 약한 불로 줄여 달걀을 천천히 익혀준다.

4 파마산 치즈가루를 뿌리고 뚜껑을 덮어 윗면까지 천천히 익혀준다.

5 접시에 담아 완성한다.

기호에 따라 원하는 재료를 넣을 수 있다. 달걀물을 붓기 전에 원하는 재료를 볶다가 위 과정대로 만들면 완성된다.

EGG
에그

달걀 다루는 기본적인 방법을 알려주는 에그 베이직을 충분히 익히고 나면 달걀은 그 활용도가 무궁무진해진다. 달걀을 다루는 몇 가지 기술로 즐길 수 있는 음식이 너무나도 다양하기 때문이다. 어느 재료와도 잘 어우러지는 특성도 있지만 달걀 특유의 담백한 맛은 소금만 곁들여도 입을 즐겁게 해준다. 아스파라거스나 토마토, 버섯 등 신선한 야채를 곁들이면 건강까지 챙길 수 있고, 바삭한 빵이나 따뜻한 수프와 함께 먹으면 든든한 한 끼 식사로 충분하다.

SUNNYSIDE UP EGG WITH ROASTED PAPRIKA
서니사이드 업과 구운 파프리카

달걀 1개
곡물빵 1장
파프리카 1개
아보카도 1개
소금, 후추 핀치
엑스트라 버진 1T

1 달걀은 서니사이드 업으로 준비한다.

2 곡물빵은 오븐이나 토스터에 바삭하게 구워준다.

3 파프리카는 직화로 까맣게 그을린 뒤 겉면을 벗겨준다.

4 아보카도는 잘 익은 것으로 준비해 껍질을 벗긴 뒤 슬라이스한다.

5 접시에 곡물빵과 서니사이드 업을 올려준다.

6 파프리카와 아보카도를 곁들이고 소금과 후추, 엑스트라 버진을 뿌려 완성한다.

구운 파프리카 만들기는 44페이지를 참고한다.

파프리카 3개
소금, 후추 핀치
엑스트라 버진 3T

구운 파프리카 만들기

1 파프리카를 직화해 겉면이 까맣게 변할 때까지 구워준다.

2 구운 파프리카를 10분 정도 밀폐했다가 그을린 껍질을 벗겨낸다.

3 파프리카를 한입 크기로 썰고 소금과 후추, 엑스트라 버진으로 마리네이드한다.

OVER EASY EGG WITH MOZZARELLA CHEESE
오버 이지와 모차렐라 치즈

달걀 1개
곡물빵 1장
방울토마토 3알
바질 5잎
토마토소스 100g
모차렐라 치즈 50g
소금, 후추 핀치
엑스트라 버진 1T

1. 달걀을 오버 이지로 준비하고 오븐은 180℃로 예열한다.
2. 곡물빵은 오븐이나 토스터에 바삭하게 구워준다.
3. 접시 위에 곡물빵과 토마토소스를 얹은 후 오버 이지로 익힌 달걀을 올려준다.
4. 방울토마토는 반으로 잘라 달걀 위에 얹고 모차렐라 치즈, 소금, 후추, 엑스트라 버진을 뿌려준다.
5. 오븐에 넣고 치즈가 흘러내릴 때까지 녹인 뒤 바질을 올려 완성한다.

토마토소스는 시판 제품을 사용해도 된다.

SUNNYSIDE UP EGGS WITH MEATBALL
서니사이드 업과 미트볼

달걀 3개
미트볼 200g
후추 핀치

1 미트볼을 미디엄 정도로 익혀준다.

2 프라이팬에 달걀을 서니사이드 업으로 익힌 후 1을 올려준다.

3 후추를 뿌려 완성한다.

미트볼 만들기는 50페이지를 참고한다.

미트볼 만들기

돼지고기 간 것 400g
쇠고기 간 것 400g
양파 200g
마늘 12g
달걀 1/2개
레몬 1/4개
빵가루 10g
파마산 치즈가루 5g
이탈리안 파슬리 1장
소금, 후추 핀치

1. 양파, 마늘, 이탈리안 파슬리를 한 번에 다져준다.
2. 레몬은 껍질만 분리해 강판에 갈아준다.
3. 볼에 1과 2, 나머지 재료를 모두 넣고 골고루 섞어준다.
4. 동그랗게 뭉쳐 모양을 낸다.

POACHED EGGS WITH TOMATO SAUCE
수란과 토마토소스

달걀 5개
양파 20g
마늘 3알
타임 2g
토마토소스 250g
올리브오일 1T
물 100g

1 양파, 마늘, 타임을 한 번에 다져준다.

2 팬에 올리브오일을 두르고 1을 골드 브라운으로 볶아준다.

3 토마토소스를 넣어 볶다가 물을 넣어준다.

4 토마토소스 사이사이에 달걀을 넣고 약불로 낮춘 후 뚜껑을 덮어준다.

5 달걀 흰자만 익고 노른자는 익지 않은 수란 상태가 될 때까지 익혀 완성한다.

골드 브라운은 재료의 겉면이 노릇하게 볶아진 정도를 말한다.

BOILED EGGS WITH EXTRA VIRGIN
삶은 달걀과 엑스트라 버진

달걀 2개
빵 1조각
소금, 후추 핀치
엑스트라 버진 3T

1. 달걀은 10분간 삶아 껍질을 벗겨 준비한다.
2. 빵은 오븐이나 토스터에 바삭하게 구워준다.
3. 접시에 달걀을 올리고 포크로 으깨어 소금, 후추를 뿌려준다.
4. 빵을 곁들이고 엑스트라 버진을 뿌려 완성한다.

BOILED EGG WITH ASPARAGUS
삶은 달걀과 아스파라거스

달걀 1개
아스파라거스 5줄기
올리브오일 2T
소금, 후추 핀치
엑스트라 버진 3T

1. 달걀은 수란으로 준비한다.
2. 프라이팬에 올리브오일을 두르고 아스파라거스를 굴려가며 구워준다.
3. 접시에 아스파라거스를 담고 그 위에 1을 올려준다.
4. 소금과 후추, 엑스트라 버진을 뿌려 완성한다.

BOILED EGG WITH BREAD
삶은 달걀과 곡물빵

달걀 1개
곡물빵 2장
잼 3T
버터 2T
소금, 후추 핀치

1. 달걀은 반숙으로 삶아 껍질을 까지 않고 에그컵에 올려준다.
2. 곡물빵은 오븐이나 토스터에 바삭하게 구워서 길쭉하게 썰어준다.
3. 접시에 1과 2를 올리고 잼과 버터, 소금, 후추를 곁들인다.

OVER EASY EGGS WITH TORTILLA
오버 이지와 토르티야

달걀 2개
토르티야 1장
양파찹 20g
파슬리찹 20g
올리브오일 1T
소금, 후추 핀치

1 프라이팬에 올리브오일을 두르고 양파찹을 골드 브라운으로 볶아준다.
2 달걀을 넣고 파슬리찹, 소금, 후추를 뿌려준다.
3 달걀이 절반 정도 익으면 토르티야로 달걀을 덮어준다.
4 토르티야를 뒤집어 달걀이 오버 이지가 되도록 익혀준다.
5 접시에 옮겨 담아낸다.

찹은 재료를 잘게 다진 것을 의미한다.

SCRAMBLED EGGS WITH WHITE FISH
스크램블드에그와 흰살 생선

달걀 3개
흰살 생선 200g
파 1대
파마산 치즈가루 2T
올리브오일 2T
소금, 후추 핀치
레몬 1/4개

1. 볼에 달걀을 풀어둔다.
2. 흰살 생선은 한입 크기로 자르고 파는 작게 슬라이스한다.
3. 프라이팬에 올리브오일을 두르고 파를 골드 브라운으로 볶아준다.
4. 흰살 생선과 소금, 후추를 넣고 절반쯤 익혀준다.
5. 1을 부어 젓가락으로 스크램블드에그를 만들어준다.
6. 접시에 레몬과 함께 담아낸다.

SCRAMBLED EGGS WITH ZUCCHINI
스크램블드에그와 주키니

달걀 3개
주키니 1/4개
양파 20g
마늘 3알
셀러리 10g
세이지 핀치
올리브오일 2T
소금 10g
후추 핀치

1 볼에 달걀을 풀어둔다.
2 주키니는 채썰고 양파와 마늘, 셀러리, 세이지, 소금, 후추를 한 번에 다져준다.
3 프라이팬에 올리브오일을 두르고 2를 골드 브라운으로 볶아준다.
4 1을 부어 젓가락으로 스크램블드에그를 만든 뒤 접시에 담아낸다.

POACHED EGG WITH HERBAL MUSHROOMS
수란과 허브를 곁들인 버섯

달걀 1개
새송이버섯 40g
양송이버섯 30g
느타리버섯 30g
생크림 50g
버터 2T
양파 20g
마늘 3알
셀러리 10g
세이지, 오레가노 핀치
소금 10g
후추 핀치
트러플오일 1T
크레송 5g

1   달걀은 수란으로 준비한다.

2   각종 버섯은 한입 크기로 썰고 양파, 마늘, 셀러리, 세이지, 오레가노, 소금, 후추를 한 번에 다져준다.

3   프라이팬에 버터를 넣고 2를 골드 브라운으로 볶아준다.

4   생크림을 넣어 걸쭉해질 때까지 졸여준다.

5   접시에 4를 깔고 수란을 얹는다.

6   소금, 후추, 트러플오일을 뿌린 후 크레송을 올려 완성한다.

BAKED EGGS WITH CREAMY SPINACH
구운 달걀과 크림을 곁들인 시금치

달걀 2개
시금치 200g
생크림 50g
버터 2T
파마산 치즈가루 2T
소금, 후추 핀치

1. 오븐은 200℃로 예열한다.
2. 오븐에 들어갈 그릇에 버터를 골고루 발라준다.
3. 2에 달걀을 깨서 넣어준다.
4. 볼에 시금치와 생크림을 넣고 가볍게 섞어준 뒤 3의 계란 옆에 올려준다.
5. 소금, 후추를 뿌려서 간하고 파마산 치즈가루를 올려 오븐에 노릇하게 구워준다.

BAKED EGGS WITH CREAMY BACON
구운 달걀과 크림을 곁들인 베이컨

달걀 3개
베이컨 5장
생크림 30g
버터 2T
양파 20g
마늘 3알
파마산 치즈가루 2T
소금, 후추 핀치

1 오븐은 200℃로 예열한다.
2 양파, 마늘, 소금, 후추를 한 번에 다져준다.
3 프라이팬에 베이컨과 2를 볶아준다.
4 오븐에 들어갈 그릇에 버터를 골고루 발라준다.
5 4에 3과 달걀을 넣고 생크림, 파마산 치즈가루를 넣어준다.
6 오븐에 넣어 10~12분간 익혀준다.

SUNNYSIDE UP EGG WITH POTATO, CRANBERRY
서니사이드 업과 크랜베리를 곁들인 감자

달걀 1개
감자 2개
양파 1/2개
아몬드 10알
크랜베리 20g
잭 치즈 60g
버터 1T
올리브오일 1T
소금, 후추 핀치

1. 달걀은 서니사이드 업으로 준비한다.
2. 감자와 양파는 한입 크기로 썰고 감자는 삶아준다.
3. 프라이팬에 버터와 올리브오일을 넣고 삶은 감자와 양파를 볶다가 소금, 후추로 간하고 골드 브라운으로 볶아준다.
4. 아몬드와 크랜베리를 골고루 넣고 잭 치즈를 뿌려 약불에서 살짝 녹여준다.
5. 서니사이드 업을 올려 완성한다.

CLASSIC BENEDICT
클래식 베네딕트

달걀 2개
잉글리시 머핀 1개
캐네디언 베이컨 2장
토마토 1/2개
치커리 2장
소금, 후추 핀치
홀렌다이즈소스 40g

1. 달걀은 수란으로 준비한다.
2. 잉글리시 머핀은 반으로 갈라 프라이팬이나 토스터에 구워준다.
3. 토마토는 슬라이스하고 치커리는 반으로 자르고 캐네디언 베이컨은 앞뒤로 노릇하게 구워준다.
4. 2에 치커리, 토마토, 베이컨, 수란 순으로 올리고 소금, 후추를 살짝 뿌려준다.
5. 홀렌다이즈소스를 올려 완성한다.

홀렌다이즈소스 만들기는 76페이지를 참고한다.

홀렌다이즈소스 만들기

노른자 3개
버터 150g
화이트와인 비니거 1g
화이트와인 2g
소금, 후추 핀치
레몬 1/4개

1. 버터는 손으로 만졌을 때 말랑한 상태로 준비한다.
2. 볼에 노른자와 화이트와인 비니거, 화이트와인을 넣고 거품기로 잘 섞어준다.
3. 2를 약불로 중탕한 뒤 1을 넣고 완전히 부드러워질 때까지 거품기로 섞어준다.
4. 레몬즙을 짜 넣고 휘핑기로 다시 한 번 저으며 농도를 맞춘 뒤 소금, 후추로 간한다.

ASPARAGUS BACON BENEDICT
아스파라거스 베이컨 베네딕트

달걀 2개
잉글리시 머핀 1개
아스파라거스 4줄기
베이컨 2장
올리브오일 20g
소금, 후추 핀치
홀렌다이즈소스 40g

1. 달걀은 수란으로 준비한다.
2. 잉글리시 머핀은 반으로 갈라 프라이팬이나 토스터에 구워준다.
3. 프라이팬에 올리브오일을 두르고 베이컨을 바삭하게 구워준다.
4. 베이컨을 구운 팬에 아스파라거스를 올려 소금, 후추를 뿌린 뒤 굴려가며 구워준다.
5. 2에 베이컨, 아스파라거스, 수란 순으로 올리고 소금, 후추를 살짝 뿌려준다.
6. 홀렌다이즈소스를 올려 완성한다.

SPINACH BENEDICT
시금치 베네딕트

달걀 2개
잉글리시 머핀 1개
시금치 40g
베이컨 2장
버터 20g
마늘찹 20g
올리브오일 20g
소금, 후추 핀치
홀렌다이즈소스 40g

1 달걀은 수란으로 준비한다.

2 잉글리시 머핀은 반으로 갈라 프라이팬이나 토스터에 구워준다.

3 프라이팬에 올리브오일을 두르고 베이컨을 바삭하게 구워준다.

4 베이컨을 구운 팬에 버터와 마늘찹을 넣어 볶다가 시금치를 넣고 소금, 후추로 간한 뒤 볶아준다.

5 2에 시금치, 베이컨, 수란 순으로 올리고 소금, 후추를 살짝 뿌려준다.

6 홀렌다이즈소스를 올려 완성한다.

SALMON EGG BENEDICT
연어 달걀 베네딕트

달걀 2개
잉글리시 머핀 1개
훈제연어 2장
치커리 2장
적양파 슬라이스 20g
케이퍼 20g
홀스래디쉬 20g
사워크림 20g
소금, 후추 핀치
홀렌다이즈소스 40g

1 달걀은 수란으로 준비한다.
2 잉글리시 머핀은 반으로 갈라 프라이팬이나 토스터에 구워준다.
3 홀스래디쉬와 사워크림을 섞어 소스를 만들고 치커리는 반으로 잘라준다.
4 2에 치커리, 적양파, 3의 소스, 수란, 훈제연어, 케이퍼 순으로 올리고 소금, 후추를 살짝 뿌려준다.
5 홀렌다이즈소스를 올려 완성한다.

SAUSAGE CHEESE OMELET
소시지 치즈 오믈렛

달걀 3개
소시지 1개
체다 치즈 1장
우유 1T
올리브오일 30g
소금, 후추 핀치

1. 볼에 달걀과 우유, 소금, 후추를 넣고 달걀물을 만들어준다.
2. 소시지는 한입 크기로 썰고 체다 치즈는 반으로 잘라서 준비한다.
3. 프라이팬에 올리브오일을 두르고 소시지를 바삭하게 볶아준다.
4. 1을 넣고 젓가락으로 부드럽게 섞다가 오믈렛을 말기 직전에 체다 치즈를 넣어준다.
5. 에그 베이직의 오믈렛 모양으로 말아서 완성한다.

36페이지를 참고한다.

THREE CHEESES OMELET
세 가지 치즈 오믈렛

달걀 3개
잭 치즈 20g
체다 치즈 1장
파마산 치즈가루 15g
우유 1T
올리브오일 30g
소금, 후추 핀치

1. 볼에 달걀과 우유, 소금, 후추를 넣고 달걀물을 만들어준다.
2. 프라이팬에 올리브오일을 두르고 1과 세 가지 치즈를 모두 넣은 뒤 젓가락으로 부드럽게 섞어준다.
3. 에그 베이직의 오믈렛 모양으로 말아서 완성한다.

TOMATO SAUCE OMELET WITH EGGPLANT
토마토소스 가지 오믈렛

달걀 3개
가지 1/4개
토마토 1/4개
마늘찹 10g
토마토소스 40g
우유 1T
올리브오일 30g
소금, 후추 핀치

1. 볼에 달걀과 우유, 소금, 후추를 넣고 달걀물을 만들어준다.
2. 토마토는 작은 다이스로 썰어둔다.
3. 프라이팬에 올리브오일을 두르고 마늘찹과 가지, 토마토를 넣어 볶다가 노릇해지면 토마토소스를 넣고 볶아준다.
4. 1을 넣고 젓가락으로 부드럽게 섞어준다.
5. 에그 베이직의 오믈렛 모양으로 말아서 완성한다.

다이스는 찹보다 조금 큰 크기로 자른 것을 의미한다.

SALAD

샐러드

모든 종류의 야채와 과일은 샐러드의 재료가 된다. 샐러드를 먹고 싶은데 드레싱이 걱정될 때 가장 쉬운 레시피는 원하는 재료 위에 소금, 후추, 엑스트라 버진을 뿌려 먹는 것이다. 샐러드는 이처럼 간편하게 만들 수 있지만 건강도 챙겨주는 고마운 음식이다. 갖가지 야채나 과일에 단백질이 풍부한 생선이나 고기를 더하면 다이어트식으로도 손색없다. 또 뜨겁게 익혀 먹는 샐러드나 일정 시간 이상을 숙성시켜 먹는 샐러드는 색다른 풍미가 있다.

POTATO SALAD
감자 샐러드

감자 100g
양배추 30g
양파 30g
마요네즈 100g
소금, 후추 핀치

1. 감자는 한입 크기로 썰어서 삶아준다.
2. 양배추는 한입 크기로 썰고 양파는 찹한다.
3. 볼에 1과 2를 담고 마요네즈와 소금, 후추를 넣어 버무린다.
4. 냉장고에서 차갑게 식힌 후 접시에 담아낸다.

COLESLAW
코울슬로

8인분

양배추 1/2개
당근 1/2개
마요네즈 1400g
식초 350g
꿀 230g
설탕 90g
옐로우머스타드 15g
타바스코 12g

1 양배추와 당근을 제외한 모든 재료를 섞어 1시간 정도 숙성시킨다.

2 양배추와 당근은 채썬다.

3 2를 골고루 섞은 후 숙성시킨 1을 뿌려준다.

4 냉장고에서 2시간 이상 숙성시킨 뒤 접시에 담아낸다.

EGG SALAD
에그 샐러드

삶은 달걀 2개
베이컨 2장
적양파 30g
치커리 40g
토마토 1/4개
로메인 30g
허니머스타드 드레싱 30g
홀그레인머스타드 드레싱 30g
올리브오일 10g

1   삶은 달걀과 토마토, 적양파는 슬라이스하고 베이컨과 치커리, 로메인은 한입 크기로 썰어준다.

2   프라이팬에 올리브오일을 두르고 1의 베이컨을 바삭하게 구워준다.

3   볼에 1과 2, 허니머스타드 드레싱, 홀그레인머스타드 드레싱을 넣고 가볍게 섞어서 접시에 담아낸다.

허니머스타드, 홀그레인머스타드 드레싱 만들기는 122페이지를 참고한다.

CHICKEN BREAST SALAD
닭가슴살 샐러드

삶은 닭가슴살 50g
적양파 30g
치커리 40g
로메인 30g
아몬드 7알
크랜베리 10g
마요네즈 30g
허니머스타드 드레싱 30g
홀그레인머스타드 드레싱 30g

1. 삶은 닭가슴살은 식힌 후 손으로 찢어서 준비한다.
2. 적양파는 슬라이스하고 치커리와 로메인은 한입 크기로 썰어준다.
3. 아몬드는 기름이 없는 프라이팬에 살짝 구워준다.
4. 볼에 1과 3, 마요네즈를 넣고 가볍게 섞어준다.
5. 4에 2와 홀그레인머스타드 드레싱, 허니머스타드 드레싱을 넣고 섞어서 접시에 담아낸다.

SPINACH SALAD
시금치 샐러드

시금치 80g
페타 치즈 20g
그린올리브 10알
블랙올리브 10알
꿀 10g
쉐리 비니거 3g
딜 1대
엑스트라 버진 50g
소금, 후추 핀치

1. 딜은 3cm 정도로 잘라준다.
2. 시금치를 제외한 모든 재료를 섞어서 냉장고에서 2시간 정도 숙성시킨다.
3. 시금치를 접시에 깔고 1을 올려준다.
4. 남은 소스를 시금치에 골고루 뿌려 완성한다.

COBB SALAD
콥 샐러드

삶은 달걀 3개
베이컨 3장
토마토 1/2개
오이 1/2개
블랙올리브 20알
치커리 40g
로메인 30g
잭 치즈 50g
올리브오일 5g
랜치 드레싱 100g

1　삶은 달걀과 토마토, 치커리, 로메인, 베이컨은 한입 크기로 썰어준다.

2　오이는 씨를 빼고 한입 크기로 썰어준다.

3　블랙올리브는 반으로 잘라준다.

4　프라이팬에 올리브오일을 두르고 베이컨을 바삭하게 구워준다.

5　접시에 치커리와 로메인을 깔고 그 위에 나머지 모든 재료를 올려준다.

6　랜치 드레싱을 곁들여 완성한다.
　　랜치 드레싱 만들기는 122페이지를 참고한다.

TOMATO SALAD
토마토 샐러드

토마토 2개
방울토마토 5알
대추토마토 3알
바질잎 8장
엑스트라 버진 50g
소금, 후추 핀치

1 토마토는 슬라이스하고 방울 토마토는 2등분, 대추토마토는 4등분해준다.

2 바질잎은 돌돌 말아 채썬다.

3 볼에 손질한 토마토를 모두 넣고 엑스트라 버진과 소금, 후추를 뿌려 마리네이드한다.

4 접시에 3을 담고 2를 올려준다.

5 마지막으로 후추를 한 번 더 뿌려서 완성한다.

SUMMER SALAD
서머 샐러드

빵 4조각
토마토 1개
오이 1/2개
적양파 1/4개
케이퍼 30g
셀러리 15g
그린올리브 10알
블랙올리브 5알
바질잎 3장
엑스트라 버진 40g
소금, 후추 핀치
쉐리 비니거 10g
올리브오일 10g

1. 빵에 올리브오일과 소금, 후추를 뿌려 프라이팬이나 오븐에 바삭하게 구워준다.

2. 토마토와 오이, 적양파는 한입 크기로 썰어준다.

3. 셀러리는 채썰고 블랙올리브와 그린올리브는 손으로 살짝 눌러 으깬다.

4. 구운 빵은 살짝 식힌 후 손으로 한입 크기로 잘라준다.

5. 볼에 1~4를 담고 케이퍼와 엑스트라 버진, 소금, 후추, 쉐리 비니거를 넣고 가볍게 섞어 완성한다.

APPLE SALAD
사과 샐러드

사과 1개
치커리 40g
로메인 30g
말린 크랜베리 30g
땅콩 30g
화이트와인 비니거 10g
꿀 20g
디종머스타드 5g
엑스트라 버진 50g

1. 사과는 슬라이스하고 치커리와 로메인은 한입 크기로 썰어준다.
2. 땅콩은 프라이팬에 가볍게 볶은 후 칼등으로 다져서 준비한다.
3. 화이트와인 비니거, 꿀, 디종머스타드, 엑스트라 버진을 넣어 드레싱을 만들어준다.
4. 볼에 1과 3의 드레싱을 넣고 가볍게 섞어준다.
5. 접시에 담고 2와 말린 크랜베리를 뿌려 완성한다.

MEDITERRANEAN SALAD WITH FETA CHEESE
페타 치즈를 곁들인 지중해식 샐러드

페타 치즈 50g
적양파 1/4개
파프리카 1/2개
셀러리 30g
그린올리브 10알
바질가루 핀치
타임가루 핀치
엑스트라 버진 40g
소금, 후추 핀치

1 적양파와 파프리카, 셀러리는 슬라이스한다.

2 볼에 1과 그린올리브, 바질, 타임을 넣고 엑스트라 버진과 소금, 후추를 뿌려 버무린다.

3 접시에 담고 페타 치즈를 올려 완성한다.

ORANGE SHRIMP SALAD
오렌지 버터구이 새우 샐러드

오렌지 1개
왕새우 3마리
녹인 버터 30g
엑스트라 버진 20g
소금, 후추 핀치
파슬리 5g

1   오렌지는 껍질을 벗긴 후 슬라이스해서 접시에 깔아둔다.

2   오렌지 위에 엑스트라 버진을 뿌리고 소금을 친다.

3   왕새우는 절반으로 갈라 예열한 그릴팬에 앞뒤로 노릇하게 구워준다.

4   구운 왕새우를 프라이팬에 옮긴 뒤 살에 녹인 버터를 발라 센불에서 재빨리 버터 향을 입혀준다.

5   2에 왕새우를 올리고 후추와 파슬리를 뿌려 완성한다.

WARM VEGETABLE SALAD WITH PARMESAN CHEESE
파마산 치즈를 곁들인 뜨거운 야채샐러드

주키니 1/2개
가지 1개
양파 1/2개
루콜라 5장
파마산 치즈가루 30g
올리브오일 30g
소금, 후추 핀치

1　주키니와 가지, 양파를 큰 한입 크기로 썰어준다.

2　프라이팬에 올리브오일을 두르고 1을 넣어 소금, 후추를 뿌린 뒤 노릇하게 구워준다.

3　접시에 루콜라를 깔고 2를 올린 후 파마산 치즈가루를 올려 완성한다.

TOMATO SALAD WITH CHORIZO
초리조가 들어간 토마토 샐러드

초리조 1/4개
방울토마토 8알
양파 1/4개
마늘 3알
이탈리안 파슬리 5줄기
쉐리 비니거 10g
올리브오일 30g
엑스트라 버진 10g
소금, 후추 핀치

1. 초리조는 두께감 있게 슬라이스한다.
2. 프라이팬에 올리브오일을 두르고 초리조를 볶아준다.
3. 초리조가 어느정도 익으면 쉐리 비니거를 뿌려 향을 낸 후 식힌다.
4. 방울토마토와 양파는 한입 크기로 썰고 마늘은 슬라이스, 이탈리안 파슬리는 찹한다.
5. 볼에 이탈리안 파슬리를 제외한 4와 엑스트라 버진을 넣고 소금, 후추로 간한다.
6. 5에 3과 이탈리안 파슬리를 넣고 한 번 더 마리네이드하여 접시에 담아낸다.

FRIED CHICKEN SALAD
프라이드치킨 샐러드

닭가슴살 100g
튀김가루 100g
튀김용 덧가루 30g
물 170g
튀김용 식용유 2컵
방울토마토 4~5알
치커리 40g
로메인 30g
허니머스타드 드레싱 50g
올리브오일 40g
소금, 후추 핀치

1. 튀김용 식용류는 180℃로 예열한다.
2. 튀김가루와 올리브오일, 소금, 물을 넣고 섞어서 튀김옷을 만들어준다.
3. 닭가슴살과 방울토마토와 치커리, 로메인은 한입 크기로 썰어준다.
4. 닭가슴살에 튀김용 덧가루를 한번 가볍게 묻힌 후 살짝 털어낸다.
5. 준비된 4에 2를 적당히 묻혀 예열된 기름에 3~4분 정도 튀긴다.
6. 튀긴 닭가슴살을 건져내어 1분 정도 실온에 둔다.
7. 접시에 3을 담고 6을 올린 뒤 허니머스타드 드레싱을 곁들여 완성한다.

허니머스타드 드레싱 만들기는 122페이지를 참고한다.

CAPRESE WITH EGGS
달걀을 곁들인 카프레제

토마토 1개
프레시 모차렐라 100g
삶은 달걀 1개
그린올리브 6알
블랙올리브 5알
선드라이드 토마토 4알
바질페스토 15g
바질잎 5장
엑스트라 버진 30g
소금, 후추 핀치

1 달걀은 6등분하고 토마토는 다섯 번 칼집을 내고 프레시 모차렐라는 5등분한다.

2 바질은 채썬다.

3 토마토의 칼집사이로 프레시 모차렐라를 넣어준다.

4 접시에 3과 삶은 달걀, 올리브, 선드라이드 토마토를 올린 뒤 엑스트라 버진을 뿌려준다.

5 토마토와 프레시 모차렐라 위에 바질페스토를 얹고 바질잎을 올려준다.

6 소금, 후추를 뿌려 완성한다.

홀그레인머스타드

홀그레인머스타드
엑스트라 버진
화이트와인 비니거
설탕

볼에 재료를 순서대로 0.5:3:1:1의 비율로 넣고 충분히 섞어 완성한다.

허니머스타드

옐로우머스타드 60g
마요네즈 300g
화이트와인 비니거 6g
우유 100g
설탕 90g

볼에 모든 재료를 넣고 골고루 섞어 완성한다.

랜치 드레싱

양파 40g
셀러리 20g
마요네즈 150g
사워크림 70g
화이트와인 비니거 30g
꿀 13g
우유 60g
파슬리 핀치
소금 핀치

---

1 양파와 셀러리는 다져준다.

2 볼에 1과 나머지 재료를 모두 넣고 충분히 섞어준다.

3 냉장고에 2시간 이상 숙성시킨다.

SOUP
수프

봄 여름 가을 겨울, 계절에 관계없이 항상 궁금한 음식이 나에게는 수프다. 수프의 기본은 전분이다. 감자든 고구마든 쌀이든 물에 넣고 팔팔 끓여주면 재료들을 아우르는 깊은 맛을 낸다. 이렇게 우려낸 맛에 몇 가지 재료를 더해 조화롭게 만들기만 하면 된다. 당근 수프는 의외로 고소하고 마늘이 들어간 수프는 담백하다. 따뜻한 수프 한 그릇은 국처럼 든든하다. 재료를 갈거나 작게 자른 뒤 볶아서 그저 센불에 오래 끓여 담아내면 되니 간편하기도 하다.

CARROT SOUP WITH NUTMEG
넛맥이 들어간 당근 수프

4~5인분

당근 500g
양파 150g
쌀 30g
소금, 후추 핀치
넛맥 핀치
생크림 120g
물 1100g

1 당근과 양파는 한입 크기로 썰어준다.
2 쌀은 깨끗이 씻어 찬물에 30분 불린다.
3 냄비에 1과 2, 물, 소금, 후추, 넛맥을 넣고 모든 재료가 완전히 익을 때까지 끓여준다.
4 3을 믹서에 넣고 갈아준다.
5 4를 다시 냄비에 옮겨 담고 약불로 끓이다가 소금으로 간한다.
6 생크림을 넣고 농도와 맛을 맞추어 완성한다.

수프 농도 맞추기

수프는 농도를 맞추기가 어렵다. 대부분의 재료를 갈아서 조리하기 때문에 자칫 묽거나 되직해질 수 있다. 들어가는 재료에 따라 수분이 생기는 정도가 달라지기도 한다. 마무리 단계에 생크림이나 물을 넣은 뒤 숟가락으로 들어 올렸을 때 수프가 부드럽게 흘러내리는 정도가 알맞다.

GARLIC POTATO SOUP
마늘 감자 수프

4~5인분

마늘 20g
감자 4개
소금 2T
후추 핀치
월계수잎 1장
생크림 30g
물 1000g
바질오일 5g
프로슈토 약간

1. 마늘은 5분 정도 삶은 뒤 물기를 제거하고 감자는 한입 크기로 썰어준다.
2. 냄비에 물과 1, 월계수잎, 소금, 후추를 넣고 감자가 완전히 익을 때까지 푹 끓여준다.
3. 2를 믹서에 넣고 갈아준다.
4. 3을 다시 냄비에 옮겨 담고 약불로 끓이다가 소금으로 간한다.
5. 생크림을 넣고 농도와 맛을 맞춘다.
6. 볼에 수프를 담고 바질오일을 뿌린 뒤 프로슈토를 올려 완성한다.

감자에 따라 수분이 많고 적을 수 있으니 믹서로 갈면서 농도를 체크하여 물을 가감한다.

TOMATO EGG SOUP
토마토 수란 수프

달걀 1개
토마토소스 200g
마늘 1개
양파 20g
올리브오일 15g
소금, 후추 핀치
파슬리 잎 1대
물 100g

1 달걀은 수란으로 준비한다.
2 양파와 마늘은 찹한다.
3 팬에 올리브오일을 두르고 2를 골드 브라운으로 볶아준다.
4 토마토소스를 넣고 5분 정도 볶아준다.
5 물을 넣어서 농도를 맞춘다.
6 볼에 수프를 담고 수란을 올린 뒤 소금, 후추를 뿌리고 파슬리 잎을 올려서 완성한다.

CHEESE POTATO SOUP
치즈 감자 수프

4~5인분

감자 700g
양파 1+1/2개
까망베르 치즈 1/3개
소금 1T+1t
후추 핀치
올리브오일 15g
생크림 20~30g
물 1000g

1 감자와 양파는 한입 크기로 썰어준다.
2 냄비에 올리브오일을 두르고 1과 소금, 후추를 골드 브라운으로 볶아준다.
3 물을 넣고 감자가 푹 익을 때까지 끓여준다.
4 감자가 다 익으면 치즈를 넣고 한 번 더 끓여준다.
5 4를 믹서에 넣고 갈아준다.
6 5를 다시 냄비에 옮겨 담고 약불로 끓이다가 생크림을 넣어 농도와 맛을 맞춰준다.

기호에 따라 소금을 곁들인다.
감자에 따라 수분이 많고 적을 수 있으니 6에서 농도를 체크하여 생크림 넣는 양을 가감한다.
까망베르 치즈는 125g짜리 제품 기준이다.

BEEF TOMATO SOUP
쇠고기 토마토 수프

8~10인분

쇠고기 우둔살 300g
베이컨 100g
당근 1개
양파 2개
마늘 100g
토마토홀 800g
월계수잎 1장
소금, 후추 핀치
잭 치즈 10g
올리브오일 20g
물 150g

1. 베이컨과 당근, 양파는 한입 크기로 썰어준다.
2. 압력솥에 올리브오일을 두르고 베이컨과 마늘을 골드 브라운으로 볶아준다.
3. 당근과 양파를 넣고 센불에서 10~15분 정도 볶아준다.
4. 야채가 노릇해지면 토마토홀과 물, 우둔살, 월계수잎을 넣고 불을 중불로 낮추어 뚜껑을 닫고 10~15분 정도 더 끓여준다.
5. 압력솥에 압력을 빼준 후 덩어리로 들어간 쇠고기를 손으로 잘게 찢어준다.
6. 찢은 쇠고기를 다시 압력솥에 넣고 가볍게 끓여준다.
7. 볼에 수프를 담고 잭 치즈를 올려준다.

쇠고기 토마토 수프는 많은 양을 한꺼번에
요리할수록 감칠맛이 더해진다.

CHEESE SHELLFISH SOUP
치즈 조개 수프

바지락 50g
바지락 육수 150g
파슬리 1대
마늘 1알
소금 5g
올리브오일 15g
화이트와인 10g
그라나 파다노 치즈가루 10g
물 200g

1. 오븐은 230℃로 예열한다.
2. 냄비에 올리브오일을 5g 두르고 바지락을 볶다가 물을 붓고 바지락이 반쯤 익었을 때 바지락과 육수를 분리한다.
3. 파슬리와 마늘, 소금을 한 번에 다져준다.
4. 프라이팬에 올리브오일을 두르고 3과 바지락을 골드 브라운으로 볶다가 화이트와인을 넣어 한 번 더 볶아준다.
5. 4에 바지락 육수를 넣고 한소끔 끓여준다.
6. 볼에 옮겨 담고 그라나 파다노 치즈가루를 뿌려준다.
7. 오븐에 넣어 치즈가 노랗게 변하도록 살짝 구워준다.

바지락 육수는 삶은 바지락을 30분 정도 가라앉힌 뒤 윗물을 따라내어 분리하고 식혀서 사용한다.
5의 바지락 육수는 2에서 분리한 육수를 넣어준다.

QUICK BREAD
퀵브레드

한 치의 오차도 허용되지 않는다는 빵은 계량을 싫어하던 내게 번거롭게 느껴졌다. 하지만 시간을 들여 배우고 자주 만들수록 빵에도 참 다양한 종류가 있다는 사실을 깨달았다. 이 책에서 소개하는 퀵브레드는 사실 빵이 아니다. 빵은 이스트를 발효시켜 굽는데, 오랜 발효와 성형을 거쳐 굽기까지 적어도 반나절은 투자해야 하는 빵과 달리 퀵브레드는 반죽도 간단하고 빨리 구워낼 수 있다. 그러면서도 든든하고 달걀요리나 수프 등과 잘 어울려 브런치에 빼놓을 수 없다.

CORN BREAD
옥수수빵

달걀 4개
우유 40g
박력분 120g
옥수수가루 120g
베이킹파우더 10g
설탕 100g
식용유 20g
버터 100g

1 오븐은 180℃로 예열한다.

2 볼에 버터를 제외한 재료를 모두 넣고 거품기로 섞어준다.

3 버터는 전자레인지에 넣어 녹인 뒤 2에 넣고 다시 한 번 부드럽게 섞어준다.

4 시트팬에 크게 한 스푼씩 떠서 올려준다.

5 오븐에 넣어 23분간 구워준다.

POPOVER
팝오버

달걀 3개
우유 260g
중력분 140g
소금, 후추 핀치
버터 20g

1 오븐은 260℃로 예열하고 머핀 틀이나 팝오버 틀을 함께 넣어둔다.
2 볼에 실온 보관한 달걀과 소금, 후추를 넣고 뭉치지 않도록 풀어준다.
3 버터는 전자레인지에 넣어 녹인 뒤 2에 넣고 다시 한 번 부드럽게 섞어준다.
4 우유를 미지근하게 데워 3에 세 번에 나누어 넣으며 부드럽게 섞어준다.
5 중력분을 넣어 뭉치지 않도록 섞어준다.
6 예열된 틀에 반죽을 70% 정도 채워준다.
7 오븐을 200℃로 낮추어 25분간 굽고 180℃로 낮추어 15분간 더 구워준다.

BUSCUIT
비스킷

박력분 520g
베이킹파우더 11g
베이킹소다 9g
소금 8g
설탕 8g
버터 200g
우유 330g

1. 오븐은 200℃로 예열한다.
2. 버터는 손으로 만졌을 때 말랑한 상태로 준비한다.
3. 우유를 제외한 모든 재료를 넣어서 손으로 비비듯이 섞어준다.
4. 3의 가루를 손으로 만졌을 때 뭉쳐졌다 바로 풀어지는 상태로 만들어준다.
5. 4에 우유를 넣어 가루와 잘 섞이도록 반죽한다.
6. 쿠키틀로 반죽을 찍어내어 예열된 오븐에 20분간 구워준다.

PLANE SCORN
플레인 스콘

박력분 300g
소금 1g
설탕 50g
베이킹파우더 8g
달걀 1개
우유 85g
버터 50g

1 오븐은 230℃로 예열한다.
2 버터는 손으로 만졌을 때 말랑한 상태로, 달걀은 풀어서 준비한다.
3 우유와 달걀을 제외한 모든 재료를 손으로 비비듯이 섞어준다.
4 3의 가루를 손으로 만졌을 때 뭉쳐졌다 바로 풀어지는 상태로 만들어준다.
5 4에 우유와 달걀을 넣고 가루들이 잘 섞이도록 반죽한다.
6 쿠키틀로 반죽을 찍어내어 예열된 오븐에 13분간 구워준다.

스콘 반죽하기

스콘은 누구나 쉽게 집에서 만들어먹을 수 있다.
들어가는 재료도 비교적 간단하고 반죽 과정 역시
복잡하지 않은 것에 비해 고소한 버터 향이 풍부하고
겉은 바삭하고 속은 촉촉한 식감이 좋다.

HAM & CHEESE SCORN

햄&치즈 스콘

박력분 300g
소금 1g
설탕 50g
베이킹파우더 8g
달걀 1개
우유 50g
버터 50g
생크림 50g
햄 100g
체다 치즈 100g

1 오븐은 230℃로 예열한다.
2 버터는 손으로 만졌을 때 말랑한 상태로, 달걀은 풀어서 준비한다.
3 우유와 달걀을 제외한 모든 재료를 넣어서 손으로 비비듯이 섞어준다.
4 3의 가루를 손으로 만졌을 때 뭉쳐졌다 바로 풀어지는 상태로 만들어준다.
5 4에 우유와 달걀을 넣고 가루들이 잘 섞이도록 반죽하다가 햄과 치즈를 마지막에 넣고 반죽한다.
6 쿠키틀로 반죽을 찍어내어 예열된 오븐에 13분간 구워준다.

BUTTER MUFFIN
버터 머핀

버터 250g
설탕 250g
달걀 2개
박력분 375g
베이킹파우더 5g
우유 80g

1. 오븐은 160℃로 예열한다.
2. 버터는 손으로 만졌을 때 말랑한 상태로 준비한다.
3. 믹싱볼에 버터와 설탕을 섞어서 부드러운 크림 상태로 만들어준다.
4. 설탕과 박력분, 베이킹파우더를 섞어준다.
5. 4에 3을 넣고 반죽한다.
6. 달걀은 풀어서 준비하고 우유를 넣어서 섞어준다.
7. 5에 6을 넣어서 반죽을 완성한다.
8. 머핀 틀에 머핀용 유산지를 깔고 틀의 80%를 채워 오븐에 20분간 구워준다.

BLUEBERRY MUFFIN
블루베리 머핀

버터 250g
설탕 250g
달걀 2개
박력분 375g
베이킹파우더 5g
우유 20g
블루베리 100g

1. 오븐은 160℃로 예열한다.
2. 버터는 손으로 만졌을 때 말랑한 상태로 준비한다.
3. 믹싱볼에 버터와 설탕을 섞어서 부드러운 크림 상태로 만들어준다.
4. 설탕과 박력분, 베이킹파우더를 섞어준다.
5. 4에 3을 넣고 반죽한다.
6. 달걀은 풀어서 준비하고 우유를 넣어서 섞어준다.
7. 5에 6을 넣어서 반죽한다.
8. 마지막으로 블루베리를 넣고 블루베리가 부서지지 않도록 부드럽게 섞어준다.
9. 머핀 틀에 머핀용 유산지를 깔고 틀의 80%를 채워 오븐에 20분간 구워준다.

SANDWICH
샌드위치

나는 요리할 때 그림을 먼저 그린다. 머릿속으로 재료들을 떠올리고 요리했을 때 어우러질 맛을 상상해본다. 특히 샌드위치는 한입 베어 물었을 때의 조화로운 맛이 중요하다. 첫 한입이 그 샌드위치를 평가하는 지표가 되기 때문이다. 빵에 갖가지 야채와 그에 어울리는 재료를 원하는 대로 넣어 먹을 수 있는 샌드위치는 영양학적으로도 균형 잡힌 메뉴다. 든든하기 때문에 식사 대용으로도 좋다.

BACON PANINI
베이컨 파니니

파니니 1개
베이컨 4장
토마토 1/2개
올리브오일 10g

1. 파니니는 반으로 가르고 토마토는 슬라이스한다.
2. 프라이팬에 올리브오일을 두르고 베이컨을 구워준다.
3. 베이컨을 구운 프라이팬에 파니니를 올려서 앞뒤로 노릇하게 구워준다.
4. 파니니 반쪽에 베이컨과 토마토를 올리고 나머지 파니니 반쪽을 덮어준다.
5. 그릴팬에 올려 손으로 눌러주면서 앞뒤로 바삭하게 구워서 완성한다.

GRILLED CHEESE SANDWICH
오리지널 그릴드 치즈 샌드위치

빵 2장
체다 치즈 2장
모차렐라 치즈 50g
에멘탈 치즈 3장
그뤼에르 치즈 2장
버터 20g
올리브오일 10g

1　예열한 그릴팬에 올리브오일을 두르고 버터를 녹여준다.

2　빵을 앞뒤로 바삭하게 구워준다.

3　빵 한 장에 치즈를 차곡차곡 쌓아준다.

4　나머지 빵 한 장을 덮은 뒤 그릴팬에 올려 치즈가 속까지 익도록 손으로 누르면서 구워준다.

5　치즈가 부드럽게 녹아내리도록 구워서 완성한다.

GRILLED CHEESE SANDWICH WITH SPRING ONION
파 그릴드 치즈 샌드위치

빵 2장
파 1대
체다 치즈 2장
모차렐라 치즈 60g
에멘탈 치즈 3장
버터 20g
올리브오일 20g

1   파는 송송 썰어서 준비한다.

2   예열한 그릴팬에 올리브오일을 두르고 버터를 녹여준다.

3   파를 노릇하게 볶고 한쪽에 빵을 앞뒤로 바삭하게 구워준다.

4   빵 한 장에 볶은 파를 올리고 치즈를 차곡차곡 쌓아준다.

5   나머지 빵 한 장을 덮은 뒤 그릴팬에 올려 치즈가 속까지 익도록 손으로 누르면서 구워준다.

6   치즈가 부드럽게 녹아내리도록 구워서 완성한다.

CUCUMBER EGG SANDWICH
오이 달걀 샌드위치

식빵 3장
삶은 달걀 3개
오이 1/2개
마요네즈 100g
소금, 후추 핀치

1 삶은 달걀은 으깨어 마요네즈 50g을 넣어 버무리고 소금, 후추로 간한다.

2 오이는 감자칼로 얇게 슬라이스하고 소금을 뿌려 살짝 절여준다.

3 오이에서 물이 나오면 키친타월로 물기를 제거한다.

4 식빵 3장에 마요네즈를 발라준다.

5 첫 번째 식빵에 1을 평평하게 깔아준다.

6 두 번째 식빵에 3의 물기를 제거한 오이를 켜켜이 쌓아준다.

7 5와 6, 나머지 식빵 한 장을 차례로 쌓아준다.

8 식빵의 바깥 부분을 모두 잘라내고 예쁘게 잘라 접시에 담아낸다.

NUTELLA BANANA BRIOCHE
누텔라 바나나 브리오슈

브리오슈 2장
바나나 1/2개
누텔라 2T
버터 20g

1. 바나나는 슬라이스한다.
2. 브리오슈 2장에 버터를 골고루 발라준다.
3. 파니니 프레스에 넣어서 앞뒤로 노릇하게 구워준다.
4. 바삭하게 구워진 브리오슈에 누텔라를 바르고 바나나를 올려 완성한다.

SUNDRIED TOMATO PESTO PANNINI WITH GRILLED EGGPLANT, RICOTTA CHEESE

구운 가지와 리코타 치즈가 들어간 선드라이드 토마토페스토 파니니

파니니 1개
가지 1/2개
적양파 1/6개
루콜라 3잎
리코타 치즈 60g
선드라이드
토마토페스토 40g
올리브오일 10g
소금, 후추 핀치

1 파니니는 반으로 가르고 가지는 감자칼로 슬라이스하고 적양파는 채썬다.

2 프라이팬에 올리브오일을 두르고 가지를 살짝 구워준다.

3 파니니의 안쪽 면에 선드라이드 토마토페스토를 발라준다.

4 적양파, 구운 가지, 루콜라, 리코타 치즈 순으로 올리고 소금, 후추를 뿌려서 샌딩한다.

5 속을 채운 파니니 앞뒷면에 올리브오일을 바르고 파니니 그릴에 통째로 넣어 노릇하게 구워준다.

EGG BACON SANDWICH
달걀 베이컨 샌드위치

빵 2장
삶은 달걀 3개
베이컨 1/2장
적양파 슬라이스 4장
마요네즈 60g
허니머스타드 드레싱 10g
소금, 후추 핀치

1. 삶은 달걀을 으깨 마요네즈 50g을 넣어 버무리고 소금, 후추로 간한다.
2. 프라이팬에 베이컨을 바삭하게 구운 뒤 한입 크기로 썰어준다.
3. 1에 베이컨과 적양파, 허니머스타드 드레싱을 넣고 한 번 더 섞어준다.
4. 빵 안쪽에 마요네즈를 발라준다.
5. 3을 넣고 샌딩한 뒤 파니니 그릴에 통째로 넣어 노릇하게 구워준다.

CHICKEN BREAST CRANBERRY SANDWICH
닭가슴살 크랜베리 샌드위치

빵 2장
삶은 닭가슴살 70g
토마토 1/2개
양파 20g
치커리 3장
말린 크랜베리 10g
아몬드 20g
소금, 후추 핀치
마요네즈 80g

1. 토마토는 슬라이스하고 양파는 찹하고 아몬드는 키친타월로 감싸 칼등으로 두드려 살짝 다져준다.
2. 삶은 닭가슴살은 손으로 찢어준다.
3. 볼에 모든 재료를 넣어 버무린 뒤 소금, 후추로 간한다.
4. 빵 안쪽에 마요네즈를 발라준다.
5. 치커리와 토마토를 깔고 3을 넣어 샌딩한 뒤 파니니 그릴에 통째로 넣어 노릇하게 구워준다.

CHICKEN WRAP SANDWICH
치킨 랩 샌드위치

토르티야 1장
삶은 닭가슴살 120g
베이컨 2장
토마토 1/2개
적양파 30g
로메인 5장
허니머스타드 드레싱 20g
랜치 드레싱 20g
소금, 후추 핀치
올리브오일 20g

1. 삶은 닭가슴살을 한입 크기로 썰고 토마토와 적양파는 찹하고 베이컨은 바싹하게 구워준다.

2. 팬에 올리브오일을 두르고 삶은 닭가슴살을 넣은 뒤 소금, 후추를 뿌려 볶아준다.

3. 토르티야에 로메인을 얹고 2와 허니머스타드 드레싱, 랜치 드레싱을 뿌려준다.

4. 토마토와 적양파, 베이컨을 얹은 후 돌돌 말아서 완성한다.

FRENCH TOAST
프렌치토스트

빵 3조각
달걀 2개
우유 30g
설탕 25g
바나나 1개
아몬드 7알
버터 30g
슈가파우더 약간

1. 볼에 달걀과 우유, 설탕 20g을 섞어서 달걀물을 만들어준다.
2. 빵을 1에 넣고 앞뒤로 흠뻑 적신다.
3. 바나나는 슬라이스한다.
4. 팬에 버터를 녹이고 2를 올려 중불에서 속까지 구워준다.
5. 빵이 속까지 촉촉해질 정도로 익으면 센불로 바꾸어 겉면을 바삭하게 익혀준다.
6. 빵을 구운 팬에 바나나와 아몬드, 설탕 5g을 넣고 카라멜처럼 끈끈해지도록 볶아준다.
7. 접시에 5와 6을 담고 슈가파우더를 뿌려서 완성한다.

CROQUE MONSIEUR / CROQUE MADAM
크로크무슈 / 크로크마담

곡물빵 3장
베사멜소스 180g
몬타델라 햄 3장
잭 치즈 50g
밀가루 10g
우유 100g
버터 10g
소금, 후추 핀치

1. 오븐은 180℃로 예열한다.
2. 밀가루와 버터, 우유, 설탕을 넣어 베사멜소스를 끓여둔다.
3. 곡물빵은 오븐이나 토스터에 바삭하게 구워준다.
4. 팬에 몬타델라 햄을 앞뒤로 구워준다.
5. 곡물빵, 베사멜소스, 햄, 잭 치즈 순으로 두 번 샌딩한다.
6. 샌딩한 빵의 윗면에 잭 치즈를 얹은 뒤 오븐에 넣고 치즈가 녹아내릴 때까지 구워준다.

달걀을 서니사이드 업으로 준비해 6번 위에 올리고 소금, 후추를 뿌리면 크로크마담이 완성된다.

OPEN SANDWICH WITH AVOCADO
아보카도 오픈 샌드위치

빵 1조각
아보카도 1개
토마토 1/2개
양파 30g
레몬즙 5g
타바스코 2방울
소금, 후추 핀치
그라나 파다노 치즈 10g
어린잎 5g

1   아보카도를 으깨고 토마토, 양파는 찹한다.

2   볼에 1과 레몬즙, 양파찹, 소금, 후추, 타바스코를 넣고 섞어준다.

3   빵은 오븐이나 토스터에 바삭하게 구워준다.

4   빵에 2를 올리고 소금, 후추, 그라나 파다노 치즈를 뿌린 후 어린잎을 올려 완성한다.

OPEN SANDWICH WITH SMOKED SALMON
훈제연어 오픈 샌드위치

빵 1조각
훈제연어 6조각
적양파 슬라이스 50g
케이퍼 30g
사워크림 50g
홀스래디쉬소스 30g
레몬즙 5g
소금, 후추 핀치

1. 사워크림과 홀스래디쉬소스, 레몬즙, 소금, 후추를 섞어 소스를 만들어준다.
2. 빵은 오븐이나 토스터에 바삭하게 구워준다.
3. 빵에 1의 소스를 얹고 훈제연어와 적양파, 케이퍼를 올려준다.
4. 마지막으로 소금, 후추를 뿌려 완성한다.

HOT DOG
핫도그

핫도그빵 1개
소시지 1개
베이컨 2장
치커리 2잎
양파 30g
피클 15g
마요네즈 30g
올리브오일 10g
허니머스타드 드레싱 30g

1. 양파와 피클은 찹하고 양파는 마요네즈에 버무린다.
2. 프라이팬에 올리브오일을 두르고 소시지와 베이컨을 구워준다.
3. 핫도그빵에 베이컨 기름을 살짝 묻혀서 2와 함께 구워준다.
4. 소시지가 노릇해지고 베이컨이 바삭해지면 빵 안쪽에 1의 양파를 바르고 치커리를 깔아준다.
5. 치커리 위에 피클찹과 허니머스타드 드레싱을 뿌리고 소시지와 베이컨을 올려 완성한다.

BRUNCH PLATE
브런치 플레이트

브런치 하면 근사하고 화려한 레스토랑을 먼저 떠올리는 사람들이 많지만, 브런치는 그저 늦은 아침이나 이른 점심을 뜻한다. 메뉴는 본인이 원하는 것이면 무엇이든 상관없다. 자유롭게 본인이 좋아하는 메뉴를 즐기면 된다. 건강한 샐러드 한 접시에 간단한 달걀프라이를 올리거나, 좋아하는 빵을 구워서 반숙으로 익힌 달걀과 함께 먹으면 브런치가 완성된다. 여기에 직접 반죽해 구운 퀵브레드나 따뜻한 수프 한 그릇을 곁들인다면 나만의 브런치 플레이트가 조금 더 특별해진다.

HASH BROWN WITH POACHED EGG
해시브라운 수란 플레이트

달걀 1개
빵 2조각
해시브라운 1장
시금치 40g
버터 30g
마늘찹 10g
소금, 후추 핀치

1 달걀은 수란으로 준비한다.
2 해시브라운을 크게 한 장 굽고 시금치는 끓는 물에 소금을 넣고 살짝 데친다.
3 팬에 버터를 녹여 마늘을 볶다가 삶은 시금치를 넣어 볶은 후 소금, 후추로 간한다.
4 접시에 해시브라운을 깔고 3을 올린 후 1을 얹고 소금, 후추를 뿌려준다.
5 빵을 곁들여 완성한다.

해시브라운 만들기는 188페이지를 참고한다.

해시브라운 수란 플레이트 만들기

감자 2개
파슬리찹 핀치
그라나 파다노
치즈가루 20g
밀가루 15g
버터 30g
소금, 후추 핀치

1. 감자는 채썰어서 찬물에 세 번 정도 헹궈 전분기를 빼준다.

2. 볼에 1의 감자와 파슬리찹, 치즈, 밀가루, 소금, 후추를 넣고 골고루 섞어준다.

3. 프라이팬에 버터를 넣어 예열하고 2를 원하는 크기로 얇게 구워준다.

CLASSIC PAN CAKE
클래식 팬케이크

달걀 2개
우유 100g
밀가루 130g
옥수수전분 50g
설탕 70g
베이킹파우더 10g
소금 3g
올리브오일 70g
물 70g
딸기 10알
망고 20g
블루베리 20g
슈가파우더 약간

1. 볼에 과일과 슈가파우더를 제외한 모든 재료를 섞어 팬케이크 믹스를 만들어준다.
2. 팬을 예열한 후 중불로 낮추고 믹스를 한 국자씩 올려 구워준다.
3. 딸기, 망고, 블루베리는 한입 크기로 썬 뒤 섞어서 준비한다.
4. 접시에 2를 여러 겹 쌓고 3을 올린 후 슈가파우더를 뿌려 완성한다.

PAN CAKE CAKE
팬케이크 케이크

달걀 2개
우유 100g
밀가루 130g
옥수수전분 50g
설탕 70g
베이킹파우더 10g
소금 3g
올리브오일 70g
물 70g

1 볼에 모든 재료를 넣고 뭉치지 않게 잘 섞어준다.

2 팬케이크를 한입 크기로 구워서 큰 접시에 담아준다.

3 슈가파우더를 뿌려 완성한다.

생일초를 꽂아 장식한다.

ENGLISH BREAKFAST
영국식 블랙퍼스트

달걀 2개
식빵 2장
표고버섯 3개
토마토 1개
베이컨 3장
소시지 2개
베이크드 빈 3T
버터, 잼 약간
올리브오일 1T
소금, 후추 핀치

1 달걀은 서니사이드 업으로 준비한다.
2 프라이팬에 베이컨을 바싹 굽고 소시지는 칼집을 내어 속까지 익혀준다.
3 토마토는 슬라이스하고 표고버섯은 밑동을 제거하고 베이크드 빈은 따뜻하게 데운다.
4 프라이팬에 올리브오일을 두르고 토마토에 소금, 후추를 뿌려 구워준다.
5 팬에 올리브오일을 두르고 표고버섯을 앞뒤로 구워준다.
6 빵은 오븐이나 토스터에 바삭하게 구워준다.
7 한 접시에 예쁘게 담아 완성한다.

CHILI BALL PLATE
칠리 볼 플레이트

달걀 2개
스콘 1개
감자 샐러드 130g
토마토소스 70g
쇠고기 간 것 50g
돼지고기 간 것 50g
할라페뇨 10g
잭 치즈 30g
올리브오일 20g
소금, 후추 핀치

1. 달걀은 서니사이드 업으로 준비한다.
2. 팬에 오일을 두르고 쇠고기와 돼지고기, 할라페뇨, 소금, 후추를 넣고 볶아준다.
3. 2가 익으면 토마토소스를 넣고 볶아준다.
4. 접시에 감자 샐러드, 스콘, 올리브, 서니사이드 업을 담는다.
5. 한쪽에 2를 올리고 잭 치즈를 뿌려 완성한다.

BAKED POTATO WITH GARLIC, ROSEMARY
로즈메리와 마늘을 곁들인 오븐구이 감자

알감자 10알
마늘 6알
로즈메리 1줄기
올리브오일 30g
소금, 후추 핀치

1   오븐은 230℃로 예열한다.

2   알감자는 깨끗이 씻어 삶아준다.

3   2와 마늘, 올리브오일과 소금, 후추, 로즈메리를 넣어 마리네이드한다.

4   오븐에 넣고 감자의 겉면이 바삭해지도록 30~50분 정도 구워준다.

POTATO PIE WITH BEEF
쇠고기가 들어간 포테이토 파이

쇠고기 토마토 수프 300g
감자 300g
푸실리 100g
버터 50g
생크림 50g
소금, 후추 핀치
잭 치즈 100g

1 오븐을 230℃로 예열한다.

2 푸실리는 10분간 삶은 뒤 건져내어 쇠고기 토마토 수프에 넣고 끓여준다.

3 감자는 푹 삶아서 으깨면서 버터와 생크림, 소금, 후추를 넣어 매시포테이토를 만들어준다.

4 오븐에 들어갈 용기에 2를 넣고 그위에 매시포테이토를 얹는다.

5 잭 치즈를 뿌린 뒤 오븐에 넣고 치즈가 녹아내리도록 20~40분 정도 구워준다.

쇠고기 토마토 수프는 134페이지를 참고한다.

STIR-FRIED MUSHROOMS PLATE
볶은 버섯 브런치 플레이트

달걀 1개
표고버섯 30g
새송이버섯 30g
양송이버섯 30g
양파찹 10g
마늘찹 10g
아보카도 1/2개
버터 10g
올리브오일 10g
소금, 후추 핀치
엑스트라 버진 10g

1. 달걀은 서니사이드 업으로 준비한다.
2. 모든 버섯은 한입 크기로 썰고 아보카도는 슬라이스한다.
3. 팬에 올리브오일과 버터를 넣고 2의 버섯과 양파찹, 마늘찹을 볶아준다.
4. 접시에 2의 아보카도와 3을 올리고 소금과 후추. 엑스트라 버진을 뿌려준다.
5. 서니사이드 업을 올려 완성한다.

BEVERAGE
음료

패밀리 레스토랑에서 빼놓지 않고 주문하는 것 중 하나가 에이드나 쉐이크 같은 음료다. 과일이나 얼음을 갈아

넣어야 하기에 집에서 만들기 번거롭다고 생각할 수 있는데, 원하는 재료를 믹서에 넣고 갈아주면 완성된다.

이 책에서는 마이쏭에서도 오랫동안 사랑받는 주스와 에이드, 쉐이크를 소개한다. 집에서도 쉽게 만들 수 있는

칵테일은 특별한 날 맛있는 음식과 함께 즐기기에 더없이 좋다.

BANANA JUICE
바나나 주스

바나나 1개
우유 250g
얼음 3조각

1   바나나와 우유를 넣고 믹서에 갈아준다.
2   컵에 얼음과 1을 넣어 완성한다.

APPLE CARROT JUICE
사과 당근 주스

사과 1개
당근 1/2개
얼음 4조각

1. 사과는 8조각, 당근은 4조각을 낸다.
2. 착즙기에 사과와 당근을 차례로 넣으면서 즙을 짜낸다.
3. 컵에 얼음과 2를 넣어 완성한다.

ORANGEADE
오렌지에이드

오렌지 1/2개
스프라이트 혹은
토닉워터 200ml
얼음 4조각

1. 오렌지는 반을 갈라 즙을 내어 준비한다.
2. 1의 오렌지 껍질을 3등분한다.
3. 컵에 얼음을 넣고 1과 2를 넣어준다.
4. 스프라이트 혹은 토닉워터를 컵의 끝까지 채워준다.
5. 빨대나 스푼으로 컵에 담긴 재료들이 잘 섞이도록 가볍게 저어준다.

MINT LEMONADE
민트 레모네이드

레몬 1개
스프라이트 혹은
토닉워터 200ml
민트 2대
얼음 4조각

1. 레몬은 반을 갈라 즙을 내어 준비한다.
2. 1의 레몬 껍질을 4장으로 얇게 슬라이스한다.
3. 컵에 얼음을 넣고 1과 2, 민트를 넣어준다.
4. 스프라이트 혹은 토닉워터를 컵의 끝까지 채워준다.
5. 빨대나 스푼으로 컵에 담긴 재료들이 잘 섞이도록 가볍게 저어준다.

BASIL ORANGEADE
바질 오렌지에이드

오렌지 1/2개
스프라이트 혹은
토닉워터 200ml
바질잎 4장
얼음 4조각

1. 오렌지는 반을 갈라 즙을 내어 준비한다.
2. 1의 오렌지 껍질을 4장으로 얇게 슬라이스한다.
3. 컵에 얼음을 넣고 1과 2를 넣어준다.
4. 바질을 손바닥으로 몇 번 눌러 바질 향이 나도록 만들어 컵에 넣어준다.
5. 빨대나 스푼으로 컵에 담긴 재료들이 잘 섞이도록 가볍게 저어준다.

BLUEBERRY SHAKE
블루베리 셰이크

블루베리 100g
아이스크림 100g
우유 50g
블루베리잼 50g
얼음 8조각

1 모든 재료를 넣고 믹서에 갈아준다.
2 컵에 담아낸다.

STRAWBERRY SHAKE
스트로베리 셰이크

냉동 딸기 150g
아이스크림 100g
우유 50g
딸기잼 50g
얼음 8조각

1. 모든 재료를 넣고 믹서에 갈아준다.
2. 컵에 담아낸다.

MIMOSA
미모사

5~6잔

샴페인 1병
오렌지주스 50~60g

1. 샴페인잔을 준비하여 오렌지주스를 6잔에 나누어 따른다.
2. 오렌지 주스 위에 샴페인을 따라 컵의 절반이 조금 넘게 채워준다.

기호에 따라 딸기를 넣어서 먹어도 된다.

MOJITO
모히토

라임 1+1/2개
설탕 15g
럼 30g
클럽소다 200g
민트 반 줌
얼음 5조각

1. 라임과 민트를 칵테일 컵에 넣고 칵테일용 방망이로 빻아준다.
2. 설탕을 넣어 잘 섞으면서 칵테일용 방망이로 한 번 더 빻아준다.
3. 럼과 얼음, 클럽소다를 넣어준다.
4. 칵테일용 긴 스푼으로 잘 섞으면 완성된다.

BLOODY MARY
블러디 메리

보드카 80g
타바스코소스 1방울
우스터소스 5g
레몬즙 2방울
토마토주스 150g
셀러리 1대
그라나 파다노 치즈가루 핀치
소금, 후추 핀치
얼음 5조각

1. 칵테일 잔에 보드카, 소금, 후추, 타바스코, 우스터소스, 레몬즙을 넣고 잘 섞어준다.
2. 얼음과 토마토주스를 넣어준다.
3. 칵테일용 긴 스푼을 이용해 잘 섞어준다.
4. 치즈와 통후추를 살짝 뿌려 완성한다.

마이 브런치

2016년 3월 20일 초판 1쇄 발행
2020년 6월 10일 초판 5쇄 발행

지은이 | 이송희
펴낸이 | 이종일
편 집 | 박현주
펴낸곳 | 버튼북스
출판등록 | 2020년 4월 9일(제386-251002015000040호)
주 소 | 경기도 부천시 소삼로38 휴안뷰 101동 602호
전 화 | 032)341-2144
팩 스 | 032)342-2144

ⓒ 이송희, 2020
ISBN 979-11-955738-6-8   13590

*본서의 내용을 무단 복제하는 것은 저작권법에 의해 금지되어 있습니다.
*파본이나 잘못된 책은 구입하신 서점에서 교환해 드립니다.